BEI GRIN MACHT SICH IHR WISSEN BEZAHLT

- Wir veröffentlichen Ihre Hausarbeit,
  Bachelor- und Masterarbeit

- Ihr eigenes eBook und Buch -
  weltweit in allen wichtigen Shops

- Verdienen Sie an jedem Verkauf

Jetzt bei www.GRIN.com hochladen und kostenlos publizieren

Bibliografische Information der Deutschen Nationalbibliothek:

Die Deutsche Bibliothek verzeichnet diese Publikation in der Deutschen National-
bibliografie; detaillierte bibliografische Daten sind im Internet über http://dnb.d-
nb.de/ abrufbar.

Impressum:

Copyright © 2008 GRIN Verlag, Open Publishing GmbH
Druck und Bindung: Books on Demand GmbH, Norderstedt Germany
ISBN: 978-3-668-14347-0

Dieses Buch bei GRIN:

http://www.grin.com/de/e-book/119830/die-geschichte-von-yusif-und-der-blinde-
junge-aserbaidschanische-maerchen

Nubar Karimova-Lange

Die "Geschichte von Yusif" und "Der blinde Junge". Aserbaidschanische Märchen und Sagen

GRIN Verlag

Universität Potsdam, Institut für Germanistik

Seminar : Isolation und Allverbundenheit –Europäische Märchen im Vergleich

SS 2008

Verschriftlichung vom Referat „ Die Merkmale der aserbaidschanischen

Märchen und Sagen"

- das Märchen „Geschichte von Yusif"

- die Sage „Der blinde Junge"

Karimova Nubar

3. Fachsemester

Gliederung:

Gliederung: *2*

1.   Aserbaidschanisches Märchen *3*

2.   Erste Sammlungen *3*

3.   Märchentypen *4*

3.1 Tiermärchen *4*

3.2 Zaubermärchen *4*

3.3 Schwank- und Sozialmärchen *5*

4. Übersetzungen ins Deutsche *6*

5. „Die Geschichte von Yusif" *7*

5.1 Die Merkmale des Märchens „Die Geschichte von Yusif" *7*

5.1.1 Inhaltliche Merkmale *8*

5.1.2 Stilisische Merkmale *8*

6. Die Sage „Der blinde Junge" *11*

6.1 Merkmale von der Sage „Der blinde Junge" *11*

Literatur *12*

1.   Aserbaidschanisches Märchen

Die aserbaidschanischen Volksmärchen entstanden im 6.-7. Jahrhundert v.Chr. In diesen Volksmärchen kann man auf der einen Seite den Einfluss der Kultur des mittelalterlichen Orients sehen, auf der anderen Seite die griechisch-hellenischen, kaukasisch-albanischen Einflüsse bemerken. Auch die Transformation der altindischen und arabischen Folkloremotive kann darin erkannt werden. Jahrhunderte lang von Generation zu Generation übertragenen Märchen haben einen großen Wert in der Kultur Aserbaidschans, das als eines der ältesten Kulturzentren der Welt gilt. Diese Märchen drücken Weisheit, Gastfreundschaft, Toleranz, Alltag und ganz verschiedene Sitten und Gebräuche des aserbaidschanischen Märchens aus. Es ist kein Zufall, dass die aserbaidschanischen Forscher, wie Mehemmed Hüseyn Tahmasib glauben, bei einigen erst in jüngster Zeit aufgezeichneten Märchenstoffen selbst medische Charakteristika nachweisen zu können. Den über Jahrhunderte von Generation zu Generation überlieferten aserbaidschanischen Volksmärchen kommt eine wichtige erzieherische Bedeutung zu. Sie haben außerdem einen großen Stellenwert in der Kultur Aserbaidschans. Diese Volkserzählungen geben Kunde von der aserbaidschanischen Vorstellungswelt, vom Glauben an den Sieg des Guten und der Hoffnung auf eine ausgleichende Gerechtigkeit.

2.   Erste Sammlungen

Erste schriftliche Sammlungen und Veröffentlichungen aserbaidschanischer Märchen stammen aus den 20er Jahren des 20. Jahrhunderts. Die erste umfangreiche Ausgabe hat der aserbaidschanische Märchenforscher Himmet Alisade unternommen. 1936 brachte ein anderer Märchenforscher in Aserbaidschan Nenefi Seynalli eine weitere Sammlung heraus. Eine Ausgabe von Originaltexten in fünf Bänden (1959-1964) ist der Initiative von Mehemmed Hüseyn Tahmasib zu verdanken, die unter dem Namen „Aserbaycan nagillari" –„Aserbaidschanische Märchen" erschienen ist.

3. Märchentypen

Aserbaidschanische Volksmärchen können hauptsächlich als „Tiermärchen", „Zaubermärchen" und "Schwank- und Sozialmärchen" klassifiziert werden.

3.1 Tiermärchen

Die Zahl der Tiermärchen ist in der aserbaidschanischen Folklore relativ gering. In Tiermärchen können gleichzeitig allegorische und symbolische Fabeln beobachtet werden. Nach den handelnden Personen gliedern sie sich in zwei Gruppen:

- Märchen, in denen die handelnden Personen Tiere sind
- Märchen, in denen Menschen und Tiere gleichzeitig vorkommen

Diese Märchen sind kurz, belehrend und scharfsinnig. Die Tiere sind mit menschlichen Eigenschaften ausgestattet und deren Beziehungen zueinander nach dem Vorbild der Menschenwelt eingerichtet. In den Tiermärchen ist die soziale Situation in allegorischer Form zum Ausdruck gebracht, schwache Tiere stehen den Stärkeren gegenüber. Damit spiegeln diese Märchen Gegensätze zwischen dem einfachen Volk und den Herrschenden wieder. Hierbei kann das Märchen satirische Züge annehmen. Für diese Gruppe kann man unter den aserbaidschanischen Märchen „Der alte Löwe" (Qoca aslan), und „Der schlaue Fuchs" (Hiyləgər tülkü) nennen. Die aserbaidschanischen Volksmärchen bezwecken, eine moralische Lehre zu erteilen. Die häufigsten Tiere in den aserbaidschanischen Volksmärchen sind schlaue Füchse, dumme Bären, böse Wölfe, Schlangen und Hähne. Am meisten verbreitet ist die Figur des schlauen Fuchses.

3.2 Zaubermärchen

In den aserbaidschanischen Zaubermärchen liegt der Schwerpunkt auf phantastischen Elementen. Das Glück in solchen Märchen besteht in der Erlösung, die das charakteristische Motiv dieses Genres darstellt. „Der tote Mehemmed" (Ölü Məhəmməd), „Der Jäger Pirim" (Ovçu Pirim), „Das Geheimnis der Stadt Benidasch" (Bənidaş şəhərinin sirri), „Bachtijar" (Bəxtiyar) sind einige Beispiele für die aserbaidschanischen Zaubermärchen. Die Helden der Zaubermärchen kommen häufig aus mittleren und unteren Volksschichten. Diese Helden werden in Unterwelten, in

Jenseitswelten, hinter Berge und Wälder geschickt, damit sie verzauberte Früchte und Blumen von dort holen.

Hirten oder Bauern helfen immer den Heldengestalten in diesen Märchen. Der Held ist immer unbesiegbar. Feigheit, Kleinmut, Hilflosigkeit sind ihm fremd, er ist Optimist. Weder siebenköpfige Dive (Ungeheuer), noch Drachen, die Flammen speien und phantastische Kräfte besitzen können ihn erschrecken. Der Held überwindet alle Schwierigkeiten und Hindernisse, zerstört alle zauberhaften und geheimen Schlösser, rächt sich an grausamen Despoten.

In den aserbaidschanischen Zaubermärchen ist der Held ein gutherziger, mutiger, schuldloser, kluger oder naiver, geschickter, ausdauernder, arbeitsamer Mann, der den Kampf mit dem Bösen aufnimmt und sein Ziel nach zahlreichen Abenteuern und Kämpfen mit übernatürlichen und grausamen Kräften, Naturkatastrophen und Bösewichten erreicht.

In diesen Märchen gelangt der Held an sein Ziel sowohl durch Heldentaten als auch durch magische Gegenstände wie durch einen wunderbaren Stein, ein Zauberschwert oder durch magische Rosshaare.

Männliche Kraft und Frauenschönheit sind die zwei Hauptideale des aserbaidschanischen Märchens. Oft ist die Frauenschönheit so groß, dass der Mann den Anblick des schönen Weibes gar nicht ertragen kann, dass er sich kaum auf den Füssen halten kann oder gar besinnungslos hinstürzt.

3.3 Schwank- und Sozialmärchen

Auch diese Märchen sind in Aserbaidschan sehr verbreitet. Sie werden in zwei Gruppen eingeteilt:

* Märchen über Ehepaare und deren Sorgen im Alltag
* Märchen über den Kampf von armen Leuten gegen die Reichen. Dazu gehört die Märchenfigur Keçəl (Glatzkopf)

Diese Märchen unterscheiden sich von den Zaubermärchen durch ihre Verbundenheit mit dem Leben und Alltag des Volkes.

Sie spiegeln feudale Verhältnisse wider. In diesen Märchen gibt es einige Andeutungen einer klassenmäßigen Differenzierung wie Hirten, Jäger, Fischer, Bauern usw. die die rechtlose Lage des Volkes verkörpern. Sie sind die positiven Helden aus dem Volk. Ihre Gegenspieler sind Padischahs, Khane, Kaufleute, Kadis usw. Die Helden dieser Märchen - schlaue Glatzköpfe, Hirten, Schuster, Mützenmacher, Schneider, usw. benutzen in schwierigen Zeiten ihre Intelligenz und Schlagfertigkeit und besiegen die Herrschenden und die Reichen. Es werden in diesen Märchen Gerechtigkeit, Tapferkeit, Liebe zur Heimat, Barmherzigkeit, Ehrlichkeit usw. ausgedrückt.

Im Gegensatz zu einigen anderen orientalischen Märchen und dem darin vorherrschenden patriarchalischen Bewusstsein werden die Frauen in aserbaidschanischen Märchen als mutige Gestalten dargestellt. Oft sind sie vollberechtigte Mitglieder der Familie und Beraterinnern des Mannes. Wie der Held kann auch die Frau in die Fremde, ins Abenteuer ziehen. Sie hat großen Mut, Standfestigkeit und Charakterstärke. Auch sie kann gegen das Joch und die Ungerechtigkeit kämpfen. Gekleidet in Männerkleidung nimmt sie am Kampf gegen Feinde teil und versetzt ihnen erbarmungslose Schläge. Dazu können wir „Hassan Karas Erzählung" als Beispiel nennen. Hier kämpft die Heldin des Märchens Günesch chatun als Recke und tötet die Feinde des Bräutigams.

In anderen Märchenvarianten wird ein anderes Frauenbild gezeigt. In den Märchen „Achmeds kluge Frau", „Schükufe chanum" wird ein über lange Jahrhunderte traditionelles Idealbild der klugen und geduldigen Ehefrau beschrieben. Der Leser sieht, wie die Frau mit ihrer Klugheit ihr Ziel erreicht.

In manchen aserbaidschanischen Sozial- und Schwankmärchen stehen Faulheit und Feigheit des Helden am Anfang: „Hambal Ahmed", „Hachnasar" und „Der faule Ahmed" und sind Beispiele dafür. Der Anfang des Märchens „Hachnasar" handelt u.a. von der Feigheit des Helden: ...es war eine Frau, sie hatte einen feigen Mann mit Namen Hachnasar. Dieser Mann war so feige, dass er nicht aus dem Haus ging. Oder im Märchen „Der faule Ahmed" sagt seine Mutter über ihn: ...er geht niemals auf die Straße und sagt immer „gib mir Essen, sorge dafür, dass ich mich nicht erkälte usw. In diesen Märchen verwandeln sich Hachnasar und Ahmed im nächsten Handlungsabschnitt in mutige und fleißige Menschen. In diesen Märchen entsteht die positive Qualität des Helden nicht auf direktem Wege, sondern auf Umwegen.

4. Übersetzungen ins Deutsche

Die erste Übersetzung der aserbaidschanischen Volksmärchen ins Deutsche von Afred Hermann und Martin Schwind wurde im Jahre 1951 unter dem Titel „Die Prinzessin von Samarkand" publiziert. Weitere aserbaidschanischen Volksmärchen, die ins Deutsche übersetzt wurden, sind „Der Hahn und der Padischah" (Edition Holz und Kinderbuchverlag, Berlin 1977) und „Die versteinerte Stadt" (Verlag Volk und Welt , Berlin, erschien 1964, 1975, 1978, 1980, 1984). In diese Sammlungen wurden 32 aus dem Volksmunde aufgezeichnete Märchen aufgenommen. Sie wurden der erwähnten fünfbändigen Ausgabe „Azərbaycan nağılları" von M.H.Tahmasib entnommen. Weitere Übersetzungen aus dem Aserbaidschanischen wurden im Jahre 1978 in das Buch „Kaukasische Märchen" aufgenommen („Achmed und die Meerjungfrauen", „Von der Prinzessin und dem Goldschmiedelehrling", „Jasamen und Schamil", „Die Tochter des Schahs Anuschirwan"). Im Jahre 1980 erschien in München ein anderes Buch unter dem Titel „Kaukasische Märchen". Darunter waren auch drei aserbabaidschanische Märchen – „Die kluge Kaufmannsfrau", „Die bärtige Ziege", „Die Prinzessin von Samarkand". In dem Buch „Sonnentochter" wurden die aserbaidschanischen Märchen „Ibrahim", „Das Märchen von Waisenknaben", „Die Kaufmannstochter und die sieben Brüder" publiziert.

Im Oktober 2007 wurden in Berlin „Volksmärchen aus Aserbaidschan" herausgegeben. Es handelt sich hier um die erste deutschsprachige Sammlung der aserbaidschanischen Volksmärchen in der Bundesrepublik Deutschland in dieser Form. 17 Volksmärchen und eine Fabel von Abdulla Şaiq "Der Fuchs auf der Pilgerfahrt" wurden in diese Sammlung aufgenommen. Einige deutsche Übersetzungen von aserbaidschanischen Märchen sind wörtlich genau, bei anderen handelt es sich um eine freie Wiedergabe. Trotzdem wurde der Inhalt des Originaltextes auch bei den freien Übersetzungen beibehalten.

5. „Die Geschichte von Yusif"

5.1 Die Merkmale des Märchens „Die Geschichte von Yusif"

Man kann die Merkmale des Märchens in zwei Teile unterscheiden: inhaltliche und stilistische Merkmale.

Anders als Sagen oder Legenden nehmen Volksmärchen keinen direkten Bezug auf historische Ereignisse, Personen oder Orte. Häufig werden sie von phantastischen Wesen bevölkert, wie Riesen und Zwerge, Hexen und Zauberer, Drachen, Einhörner und andere Fabeltiere. (5; 24) In der Geschichte von Yusif kommt der Zauberer vor.

5.1.1 Inhaltliche Merkmale

Unbestimmtheit von Raum und Zeitangaben" es war einmal...", Phantasiewesen wie Zauberer (gute =Chedidsche (Zauberin) oder böser=langbärtiger Mann), wunderbare Ereignisse inmitten des Alltäglichen, Wiederholungsstruktur (wie z.B. drei zu lösende Rätsel oder andere Aufgaben). Im Mittelpunkt steht vielfach ein Held, der sich aus seiner anfänglichen Benachteiligung (Yusif ist der Jüngste und einzige Mann in der Familie, deswegen muss er sich um die Familie kümmern, sie ernähren.) mit Hilfe der Helferin (Chedidsche) befreit wird und zu Glück und Wohlstand gelangt.

5.1.2 Stilisische Merkmale

Volksmärchen sind verständlich, besitzen einfache Strukturen und einen bildhaft anschaulichen Stil. Charakteristisch sind folgende Merkmale:

Formelhaftigkeit: Das Volksmärchen zeichnet sich durch Eingangs- und Schlussformeln aus, die das Märchen für den Leser oder Zuhörer als solches leicht erkennbar machen. Wie z. B. „Es war einmal..." oder Schlussformeln wie: „...und wenn sie noch nicht gestorben sind, dann leben sie noch heute."(5; 49) Und im Aserbaidschanischen Märchen „von oben fielen drei Äpfel, einer für mich, einer für dich und einen für den Märchenerzähler". Dieser Schluss hat eine interessante Geschichte. Die Erzähler hießen damals Darwisch und sie wanderten von Ort zu Ort, erzählten Märchen und verdienten damit ihren Lebensunterhalt. Deswegen wird heute noch wenn Eltern ihren Kindern ein Märchen erzählen am Ende gesagt, dass wer Märchen erzählt auch immer eine Belohnung erhält. Im aserbaidschanischen Märchen ist diese Belohnung ein Apfel.

Das Märchen „Geschichte von Yusif" zeigt sich in folgenden Wundern: ...der Grabstein öffnete sich, es passierten plötzliche Verwandlungen wie der Zauberer verwandelte sich in einen Löwen und in ein Ungeheuer und die Schwalbe machte im Flug eine Kehrtwendung und ließ sich auf der Haut einer Frau (Chedidsche) nieder. Chedidsche gab am Ende dem Yusif keine Gabe, sondern ein Schwert.

Sprüche spielen im Märchen auch eine große Rolle. In unserem Märchen lautet es: „Hasan, Hüseyn öffnet die Tür". Im Märchen tauchen extreme Kontraste auf, wie z.B. Yusif ist arm, Padischahs Tochter ist reich, Yusif ist gut, aber der langbärtiger Mann (Zauberer) ist böse. In diesem Märchen gibt es auch Verbote, wie z.B. der Zauberer sagte zu Yusif „ich habe sieben Zimmer, nimm dieses Schlüsselbund und sieh dich in den Räumen um. Schau sie dir an so lange du willst, aber das siebente Zimmer öffne ja nicht!" Aber Yusif konnte nicht an sich halten, er öffnete die Türe des siebenten Zimmers und trat ein. Der Held (Yusif) wird mit einer schwierigen Bedingung konfrontiert. Die Padischahstochter sagte zu ihm "...in Kürze kommt jener (der Zauberer) hierher, wenn du ihn mit drei Schwerthieben töten kannst, sind wir von ihm befreit. Wenn du es nicht kannst, dann wird jener dich vernichten und auch ich werde für immer hier bleiben. "Wie es in allen Märchen üblich ist, am Ende wartet auf Yusif eine große Belohnung. Er tötete den Zauberer mit Hilfe der Schwalbe, nahm viele wertvolle Sachen mit, heiratete die Padischahstochter und setzte sich auf den Schahthron und erreichte Ruhm und Ehre.

Abstrakter Stil: Die abstrakte Stilisierung des Märchens gibt diesem Helligkeit und Bestimmtheit. Mit wunderbarer Konsequenz durchdringt sie alle Elemente des Märchens, verleiht ihnen festen Umriss und sublime Leichtigkeit. Sie ist fern von toter Starrheit, denn zu ihr gehört das rasche und entschiedene Fortschreiten der Handlung. Der Held ist ein Wandernder, spielend bewegt er sich über weite Flächen, aber die Bewegung ist keine willkürliche, ihre Form, Richtung und ihre Gesetze sind scharf bestimmt. Der Figurenstil schenkt dem Märchen Festigkeit und Gestalt" (6; 36). Volksmärchen bestehen aus mehreren aneinandergereihten Gliedern. In Märchen gibt es keine Gleichzeitigkeit. Der Erzählstrang folgt immer dem Helden und es werden nur die wichtigsten Personen vorgestellt.

Technik der Benennung (Gegenstand, Ort, Figuren): In aserbaidschanischen Märchen werden nur handlungswichtige Namen genannt wie z. B: in diesem Märchen Stadtname Gändschä, Staatsname Heleb und Figurennamen Yusif, Chedidsche usw.

Einheit des Beiwortes: Im Märchen „Geschichte von Yusif" knappe Benennung „die herrenlose Straße" beschreibt den Gegenstend und die Situation.

In der Geschichte von Yusif können wir scharfe Konturen erkennen. Die Dinge, die eine feste Kontur besitzen, sind aus einem festen Stoff. D.h die Jenseitige Chedidsche (die Zauberin) lebt im festen Haus und der langbärtige Mann (der Zauberer, der Herrscherr der Finsternis) lebt im Grab (Finsternis).

Metallisierung spielt imaserbaidschanischen Märchen eine bedeutende Rolle. Die edlen Metalle bevorzugt, die glänzen und wirken isoliert zur Umgebung wie z.B.„Bett aus Gold und Perlen". Streotype Farben kommen auch im Märchen häufig vor. In diesem Märchen ist es als „goldene Leuchte" ausgedrückt.

Der Held ist ein Wandernder (der Held wird in die Weite geschickt). Verschiedene Gründe bringen den Helden dazu, in die Ferne wandern zu müssen (Auszug) - Yusifs Vater starb, sie hatten kein Geld mehr und Yusif musste sich um seine Familie sorgen. Es war Sommer, alle übersiedelten auf die Almen, Yusif wollte auch mit seiner Familie übersiedeln, aber sie brauchten eine Kutsche und Yusif wollte sie vom Freund seines Vaters im benachbarten Dorf besorgen. So machte er sich auf dem Weg zum Freund seines Vaters und musste konkrete Aufgaben lösen. Yusif hatte sich um seine Familie zu kümmern, den Zauberer zu töten und die Padischahstochter von der Finsternis zu befreien.

Beim Lösen der Aufgaben kommt die Jenseitige (Chedidsche) als Schwalbe und hilft ihm .Der Gegenstand soll immer ganz bestimmten Handlungssituationen entsprechen und die Rettung erfolgt immer im allerletzten Moment. Am vierzigsten Tag kommt eine Schwalbe vom Fenster ins Innere geflogen und hat sich zu einem Helden mit einem Schwert verwandelt. Mit dem Schwert stach er dem Ungeheuer in den Hals. Er, der Held, verwandelte sich wieder in eine Schwalbe und flog hinaus.

Eindimensionalität der Wirklichkeitswahrnehmung: Das Diesseits und das Jenseits sind miteinander verbunden, ohne dass es zwei verschiedene Dimensionen sind. Der Diesseitige stellt sich nicht vor, im Jenseits in einer völlig unterschiedlichen Dimension zu sein, z. B: "Obwohl Chedidsche eine Zauberin ist, heiratete sie Yusifs Vater und lebt mit anderen Mitgliedern der Familie unter einem Dach. Yusif spricht mit dem Zauberer ohne Angst.

Flächenhaftigkeit: Den Figuren eines Märchens fehlen sowohl die körperliche als auch die seelische Tiefe. Des Weiteren werden in den Volksmärchen nur äußerst selten Körper –bzw. Charaktereigenschaften von Figuren genannt.

Isolation und Allverbundenheit: In den Volksmärchen geht der Held immer allein seinen Weg. Diese Isolation erlaubt es dem Helden, zu einer Verbundenheit mit Allen und in Allem fähig zu sein. In der Geschichte von Yusif sind stereotype Schauplätze Haus und Friedhof und stereotype Requisite ist das Schwert. Als typisiertes Personal erkennt man im Märchen von Yusif den Kaufmann (Vater), Bettler, Räuber, Schuster, Stiefmutter(Chedidsche), Held-Yusif (er ist von niederer sozialer Herkunft), die Schwester, Mutter, Padischahstochter und der Padischah (König). In diesem Märchen erkennt man enge Verwandschaftbeziehungen wie Mutter, Schwester, Vater. Das Märchen beginnt nicht direkt mit dem Held Yusif, sondern mit seinem Vater.

Dreizahl als Zahlensymbolik entspricht dem normalen Lebens- und Sprachrhythmus und dient der leichteren Mehrfähigkeit einzelner Textpassagen in Reimen und Handlungsabläufen. So muss der Held beispielsweise eine bestimmte Handlung dreifach durchführen um endlich ans Ziel zu gelangen, oder es müssen drei verschiedene Hindernisse überwunden werden. Ähnliches gilt auch für die Zahlen sieben, dreizehn und im aserbaidschanischen Märchen vierzig. Die Zahl „vierzig" ist eine heilige Zahl und mit der islamischen Religion verbunden. Deswegen kommt in aserbaidschanischen Märchen sehr oft vor z. B: drei Schwerthiebe, sieben Töchter, sieben Jahre, sieben Zimmer und vierzig Tage.

6. Die Sage „Der blinde Junge"

6.1 Merkmale von der Sage „Der blinde Junge"

Wirkliche Menschen werden realistisch dargestellt, wie Prophet, Kinder, blinder Junge. Es gibt mannigfaltige Beziehungen zwischen diesseitigen und jenseitigen Figuren. Die Prophetsbitte an Gott, das Gespräch zwischen Prophet und Gott. In der Sage erleben die Menschen das Jenseits wirklich als Jenseits und der Prophet weiß, dass Gott im Jenseits ist. In der Sage werden die alltäglichen Gegenständen auch realistisch dargestellt wie Sack, Wasser, Skorpione, Schlangen usw.. Die Gegenstände werden im täglichen Gebrauch gezeigt z. B ...der Junge machte den Sack auf und ließ die Skorpione und giftigen Schlangen ins Wasser. In der Sage wird der menschliche Körper plastisch beschrieben, in dieser Sage ist der Junge blind.

Darstellungsweise der Sage ist tiefenhaft. Die Menschen der Sage sind offen für Tiefenerlebnisse aller Art, sie empfinden Angst, Lust, Mitleid, Enttäuschung z. B: ...die Kinder hatten Angst bekommen, der blinde Junge fand es lustig und der Prophet war enttäuscht.

Unterschiedliche Charaktere verbinden verschiedene Gefühle und Eigenschaften. Dem Prophet (das Gute) tut es Leid, dass der Junge nicht sehen kann und traurig aussieht und damit der Junge (das Böse) bald sehen kann, tut er Böses und genießt was er macht. Der Wahrheitsgehalt wird nicht ausgeschlossen, sondern manchmal ausdrücklich betont, das Gespräch mit Gott. Menschen und Dinge bleiben an den Ort gefesselt, alles passiert am gleichen Ort (am See). Die Sage hat einen lyrischen Charakter. Es zeigt sich mit der Erschütterung des Propheten. Theodor Benfey: **"die Sage belehren und Glauben fordern"** (5; 20). Diese Worte bestätigen sich auch in der Sage „der blinde Junge" .Gott tut immer das Richtige.

Literatur

1. Alfred Hermann und Martin Schwind: „Die Prinzessin von Samarkand – Märchen aus Aserbeidschan und Armenien", Köln 1951

2. www.azmif.net

3. Henefi Seynalli :Azerbaycan nagillari . Band 1.Baku 1936

4. www.sharq-qarb.az

5. Lühi,M.:Volksmärchen und Volkssagen. Zwei Grundlagen erzählender Dichtung. A.Franke AG Verlag, Bern 1975

6. Lüthi, M.:Das europaische Volksmärchen-Form und Wesen.3.Auflage.A.Franke AG Verlag, Bern 1968

7. Schmiede, H. Achmed: „Der Hahn und der Padischah – Volksmärchen aus Aserbaidschan", Berlin, 1977

8. Schmiede, H. Achmed: „Die versteinerte Stadt. Aserbaidschanische Märchen." Berlin, erschien 1964, Auflagen – 1975, 1978, 1980, 1984

9. Zuzana Novakova: *Kaukasische Märchen*. Grusinien, Armenien und Aserbaidschan, Hanau 1978